纪念太原建城 2500 年

晋阳城始建于春秋末，毁于宋初，存在1500余年，是中国北方重要的政治、经济、文化中心和军事重镇。其遗址在今太原市晋源区晋源镇、古城营村和南城角村一带，是全国重点文物保护单位。本书通过对晋阳古城城区遗址、寺观遗址和墓葬出土文物的介绍，向读者展示晋阳古城的历史风貌。

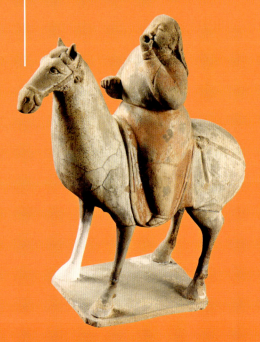

晋阳古城

◎ 太原市文物考古研究所 编

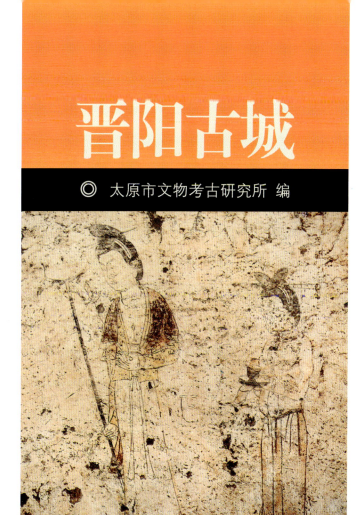

文物出版社

目 录

序

　　晋阳，因坐落于晋水之阳而得名，为太原之前身。我们的祖先自旧石器时代起就繁衍生息于汾河中游这片沃土，周代开始统称这一带为大卤、太原。晋阳始见《春秋·定公十三年》："晋赵鞅入于晋阳以叛。"赵简子赵鞅命董安于筑城肯定应略早，但已渺茫难考。后人即以见于文献之年——公元前497年为晋阳之肇创。今年即为太原建城2500年。

　　为兹庆典，太原市文物考古研究所编辑出版了"晋阳重大考古发现丛书"，包括《晋阳古城》、《晋国赵卿墓》、《北齐娄叡墓》、《北齐徐显秀墓》和《隋代虞弘墓》。应该说，太原的重大考古发现与晋阳古城发展史的三个辉煌时期完全重合。我谨借此机会对晋阳考古略作回顾，并感谢和祝贺考古工作者的辛勤劳动和科研成果。

　　首先是春秋战国之交。赵简子主政晋国，纵横中原；匡合诸侯，争执牛耳；铸刑鼎，纳阳虎，风云当时。赵简子为立于不败之地，以战略"保障"目的营造晋阳城。考古学家综合研究认定，晋国赵卿墓的主人应该就是赵简子赵鞅。观赏赵卿墓的稀世珍宝，缅怀城市创建者，思古幽情之余，亦将催人奋进。

　　晋阳诞生之初，即以军事重镇闻名于世。赵简子退保，度过难关。赵襄子固守，灭智氏而三家分晋，立赵国而初都晋阳。不久灭戎人之代国，将农作推向草原。从此，晋阳又成为中原农耕文明与北方游牧文化交汇的前沿。晋阳以其独特的政治、军事地位，为中华多民族统一国家的形成和发展做出了重要贡献。

　　其次是南北朝后期。北魏末年，高欢以其乱世雄杰的眼光，选晋阳为根本基地，苦心经营。建大丞相府，遥控朝政；聚天下兵甲，剪除异己。其后，晋阳作为东魏北齐的"霸府"和"别都"，步入其黄金时代。繁华兴盛，有逾邺都；精英荟萃，文化昌明。太原是北齐墓葬最集中的地区之一，许多墓主地位和墓葬文化内涵都是高层次的。北齐娄叡墓和徐显秀墓的精美壁画，不但是当时中国绘画的代表作品，而且刷新了美术史关于北朝绘画的篇章。可以说除皇陵和王室墓葬不在此地之外，东魏、北齐的晋阳具备了首都的一切要素。也可以说，隋末李渊父子崛起于太原，并创建盛唐文明，是有一定必然性的。

最后是隋唐五代时期。北周灭齐后，晋阳曾一度沉寂。但由于其独特的重要地位与隋炀帝杨广为晋王时的大规模营建，晋阳再现繁华。虞弘墓充满异域风情的精美石棺浮雕，生动地展示了北齐以来晋阳在中外文化交流中的中心地位及其高层次的文化艺术氛围。唐代晋阳称"中原北门"，与洛阳和长安并称盛唐三大都城，且独具特色，成为世界城建史上的宝贵遗产。五代后唐、后晋、北汉先后在晋阳称帝建国，进而南下问鼎中原。宋太平兴国四年（979年），太宗赵光义攻灭北汉，先火焚，后水淹，古都晋阳毁于一旦。

漫步古城遗址，惋惜之余，又有些许欣慰。晋阳古城毁灭之后，未经过大的扰动，原址基本完整，重大考古发现频出。在社会各界的支持下，太原市晋阳古城考古工作队组成并开始工作。晋阳古城的考古研究和保护开发，前景光明而任重道远。

这套丛书内容丰富，印刷精美，许多文物图片为首次面世，学术价值和收藏价值自不待言。愿其在古晋阳重新崛起并走向世界的过程中，发挥应有的作用。

太原市文物局局长　李　钢

2003 年 10 月

晋阳古城概述

晋阳城始建于春秋末，毁于宋初，存在1500余年，是中国北方重要的政治、经济、文化中心和军事重镇。其遗址在今太原市晋源区晋源镇、古城营村和南城角村一带，是全国重点文物保护单位。

晋阳城存在的1500年间，城市建设规模在约20平方公里的范围，代有沿革兴废，总体上可分为如下几个阶段：

（一）肇建和发展阶段。晋阳之名，始见于《春秋·定公十三年》："秋，晋赵鞅入于晋阳以叛"。春秋晚期，晋卿赵简子家臣董安于和尹铎营筑晋阳，晋阳城初具规模。晋阳城从肇建之时，就作为一个军事重镇而显示出它的重要作用。公元前453年，赵襄子固守晋阳城，灭智氏，奠定"三家分晋"局面。此后晋阳成为赵国初期的都城，史称"赵襄子以晋阳之城霸"。秦汉时期，晋阳成为防御匈奴和控制西北的军事战略重镇。永嘉元年（304年），刘琨为并州刺史，捍御诸胡，"琨募得千余人，转斗至晋阳，府寺焚毁，僵尸蔽地，其有存者，饥羸无复人色，荆棘成林，豺狼满道。琨剪除荆棘，收葬枯骸，造府朝，建市狱。"可见长期战乱后的北方重镇晋阳的残破程度。

（二）繁荣和扩张阶段。北魏统一北方，晋阳城享有难得的百年安定和平。自尔朱荣称霸北魏末到东魏北齐时期，晋阳城经历了发展高潮阶段。东魏高欢在晋阳建"大丞相府"，置晋阳宫，以晋阳为政治、军事大本营，遥控朝政，时称"霸府"。北齐以晋阳为"别都"，诸帝常年往来于晋阳与邺城之间，在晋阳城及周围进行了大规模的营建。据《北齐书》记载，后主高纬"承武成之奢丽，以为帝王当然，乃更增益宫苑，造偃武修文台"，"又于晋阳起十二院，壮丽逾于邺下，所爱不恒，数毁而又复，夜则以火照作，寒则以汤为泥，百工困穷，无从休息。"见诸史籍的大型建设有晋阳宫、南宫、大明宫、十二院、宣光殿、建始殿、仁寿殿等。经东魏北齐两代的经营，晋阳城由地方性的军事重镇提升为具有全局意义的中心大都市，并极大地影响了中国历史的发展。

（三）辉煌阶段。北周灭齐后，晋阳曾一度沉寂。但由于其独特的重要地位与隋炀帝杨广为晋王时的大规模营建，晋阳再现繁华。筑"新城"、"仓城"，又新建"晋阳宫"。有唐一代，作为王朝的发祥地和天下精兵所聚之处，晋阳倍受重视。贞观初，并州长史李勣展筑东城，并架晋渠越汾供水。武周时期，并州长史崔神庆以州隔汾为东、西二城，乃跨水联堞，合而一之，号中城。还有马遂等持续经营，规模不断扩大，城市建设达到鼎盛，北都晋阳成为盛唐三京之一。史载当时的晋阳城分为西城、中城和东城，其中西城包含有罗城、府城、大明宫城、新城（晋阳宫城）、仓城等，东西12里，南北8里余，城高四丈。发展达到顶峰的晋阳城，成为五代十国时期颇具影响的大都市，后唐、后晋、后汉先后以晋阳为依托，南下定鼎中原。

（四）毁灭阶段。宋开宝二年（969年）三月，赵匡胤率兵亲临晋阳城下，利用晋水和汾水筑堤灌城，军中发生瘟疫而撤围。太平兴国四年（979年），宋太宗赵光义率兵北伐。五月五日，北汉刘继元在粮尽援绝之后出城投降。宋朝平定北汉之后，鉴于晋阳的战略地位，为防止后世如北汉者据晋阳坚城分庭抗礼，危及王朝统治，决定彻底毁灭之。五月十八日，强迫晋阳城居民一律迁出城外，并放火焚城。次年四月，又引汾水和晋水浸灌晋阳城废墟。而后明令禁止百姓在此耕种居住，城址沦为荒泽达百年之久。至宋真宗时，始有居民陆续生聚。靖康间，

西北城角发掘现场

金人在围攻太原期间，曾因晋阳故城增补维修，作为军营。明洪武四年（1371年）在晋阳城南关筑新城，景泰元年（1450年）又将此城扩筑成周回七里（约3.5公里）的城垣，即今晋源镇。

晋阳古城创建已有2500年，其毁灭亦有千余年了。像这样时代漫长、范围广大而又突然毁弃的大都市，特别是城市遗址在毁灭后没有再遭受大规模的破坏，在中国乃至世界大城市遗址中也较为少见。因此晋阳城的主体，即唐、五代城址遗存应该基本完整。晋阳古城遗址的保护、发掘和研究，对探讨中国城市布局演变和盛唐城建规制无疑有着重要的意义。近代以来，晋阳古城遗址始终受到考古学界的关注。20世纪40年代日本学者水野清一、日比野丈夫，50年代宿白，60年代谢元璐、张颔等，相继实地勘查晋阳古城遗址并形诸文字。90年代后，古城的研究进入高潮，大量的研究成果出现。《晋阳古城研究》的结集出版，可以说是对20世纪晋阳古城研究的阶段性总结。但因为古城文献资料散佚，主要遗迹现象又深埋于地下，所以对于古城的布局、周回里数以及唐代三城的方位等问题争论较多。科学的考古调查和发掘成为晋阳古城研究的迫切要求和必然选择。2001

西北城角内城角

年，太原市晋阳古城研究所成立，以保护、调查和研究古城为职责。

晋阳古城遗址总面积200余平方公里，大致可分城区遗址、寺观区遗址和墓葬区遗址三部分。

城区遗址，根据文献和考古调查基本框定在东西约6公里、南北约4公里的范围，城墙总长度约20公里，面积20余平方公里。现地表残存及考古调查确认的遗迹有：①西城墙中段，位于古城营村西，现存532米，城墙底宽20米、残高4.6米。城墙夯层明显，夯窝清晰。②西城墙护城河，位于晋源镇西，2001年考古发掘发现护城河宽约39米，深约4.5米，斜坡河岸有明显的夯筑痕迹。③西南城角，位于南城角村，残存西城墙约60米，南城墙537米。城墙宽30米、残高1.5米。有民房建于其上，与西城墙为同时代遗存。考古勘探发现南墙在地表下还向东延伸约有500米。④西北城角，在罗城村东南原老爷阁旧址，2002年考古发掘，清理出西北内城角。城角夯土残高2.75米，西墙内边暴露长度2.7米，北墙内边暴露长度9.8米，内

西城墙

西城墙夯窝

角明显，建造年代当不早于唐代。此外，在西北城角南约100米处西墙断面的试掘表明，此段城墙年代当不早于两晋。由此城角向东发现城墙夯土遗迹约400米。上述各段城墙土中包含物表明，晋阳城墙在晋唐五代间有过多次修补。⑤在城区范围内的考古试掘中，还发现了多段城墙夯土遗迹，为了解城内布局提供了线索。

古城内外分布着大量的寺庙，是古城遗址的重要组成部分。城内有并州寺、大安寺、无量寿寺、兴国崇福寺等，其准确位置目前尚难认定，但古城营村和华塔村等发现的石刻造像，应为这些寺庙的遗物。晋阳古城外的西山一线，北朝至唐寺观林立，有著名的晋祠、天龙寺、天龙山石窟、西山大佛、开化寺、童子寺等。据《法苑珠林》、《北齐书》等记载，西山大佛高66米，童子寺大佛高近60米，是北朝时期最高大的佛教造像。目前童子寺的发掘工作已经展开，初步收获相当可观。

晋阳古城的墓葬区主要在西山东麓，分布在北到阎家沟、南至王郭村、南北

30 公里、东西 3 公里的范围内。墓葬分布密集，时代基本和晋阳城的兴衰相始终，即从春秋晚期至宋初。重要的发现有：金胜村晋国赵卿墓及其附葬车马坑，墓主极有可能就是晋阳城的创建者赵简子。晋源果树场大型汉墓(M2)，出土大量青铜器、玉器和漆器等文物，为研究西汉时期晋阳古城和探寻诸侯国君陵墓提供了重要线索。王郭村北齐娄叡墓壁画代表了北朝绘画的最高水平，填补了中国美术史的空白。王郭村隋代虞弘墓汉白玉浮雕石椁以其浓郁的西域文化特征，见证了北朝时期晋阳古城在中西方文化交流中的重要地位。在义井村、晋董茹村、索村、金胜村、晋源果树场等处也发掘了大量的唐代墓葬，出土的壁画、陶瓷俑、三彩器和东罗马金币等精美绝伦。近年来，在东山前坡陆续发现徐显秀墓、狄湛墓、厍狄业墓等北齐墓葬，尤以徐显秀墓壁画最具特色，清楚地表明东山地带也是晋阳古城的重要墓葬区。

2500 年来晋阳城的盛衰兴废，造成了古城遗存的多样性和复杂性。古城西高东低的地理特征，导致城内文化层深浅悬殊，深度从 2 米到 10 余米。遗址西部由于风峪沙河的山洪冲淤，砂砾密布；而在遗址东部，由于汾河的多次改道，使一部分遗存彻底毁灭，且城址遗存基本处于地下水线以下。凡此种种，增加了考古发掘难度和复杂性，晋阳古城的研究和保护任重而道远。

太原市文物考古研究所副所长　常一民

1 晋阳布　春秋

高 8.2 厘米

1984 年太原电解铜厂采集

2 蟠龙纹铜壶　春秋

高 47 厘米

1994 年太原金胜村出土

3 铜杖首　春秋

高 6 厘米

1994 年太原金胜村出土

4 铜镈 战国

高 64 厘米

1995 年太原金胜村 88 号墓出土

5 铜建鼓座 战国

高 35 厘米

1995 年太原金胜村 88 号墓出土

6 八棱铜壶　西汉

高 48 厘米

2001 年太原果树场出土

7 铜博山炉　西汉
2001 年太原果树场出土

8 铜剑　西汉
长 86.7 厘米
2001 年太原果树场出土

9 东罗马金币

直径2.4厘米　重3.3克

2001年太原果树场出土

10 童子寺遗址

11 童子寺大佛 北齐

12 燃灯石塔　北齐

13 开化寺蒙山大佛　北齐

14 石佛头像　北齐
残高 28 厘米
1997 年蒙山开化寺出土

15 力士头像　北齐
残高 17 厘米
1997 年蒙山开化寺出土

16 天龙山石窟全景

17　天龙山石窟第九窟菩萨立像　唐
高 5.5 米

18 天龙山石窟第十四窟西壁菩萨像　唐

高 1.15 米

19 天龙山石窟第十七窟西壁佛头　唐
高 31.3 厘米

20　天龙山石窟第二十一窟正壁佛像　唐

高1.08米

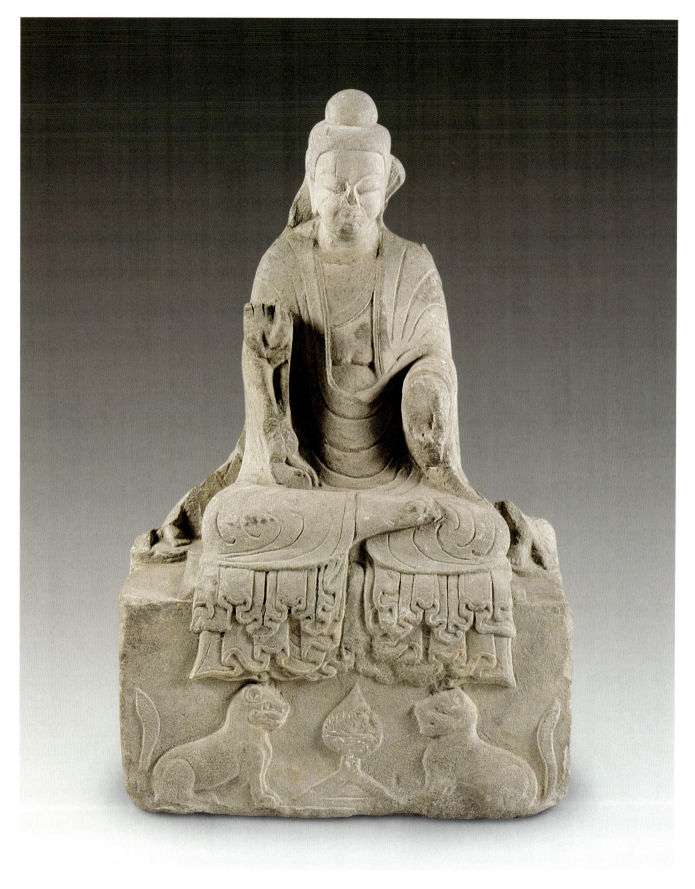

21 郭妙姿造释迦坐像　东魏

高 41 厘米

1954 年太原华塔村出土

22 汉白玉释迦立像　北齐

高 134 厘米

1996 年太原古城营村出土

23 观世音菩萨五尊像　北齐

高 59.5 厘米

1954 年太原华塔村出土

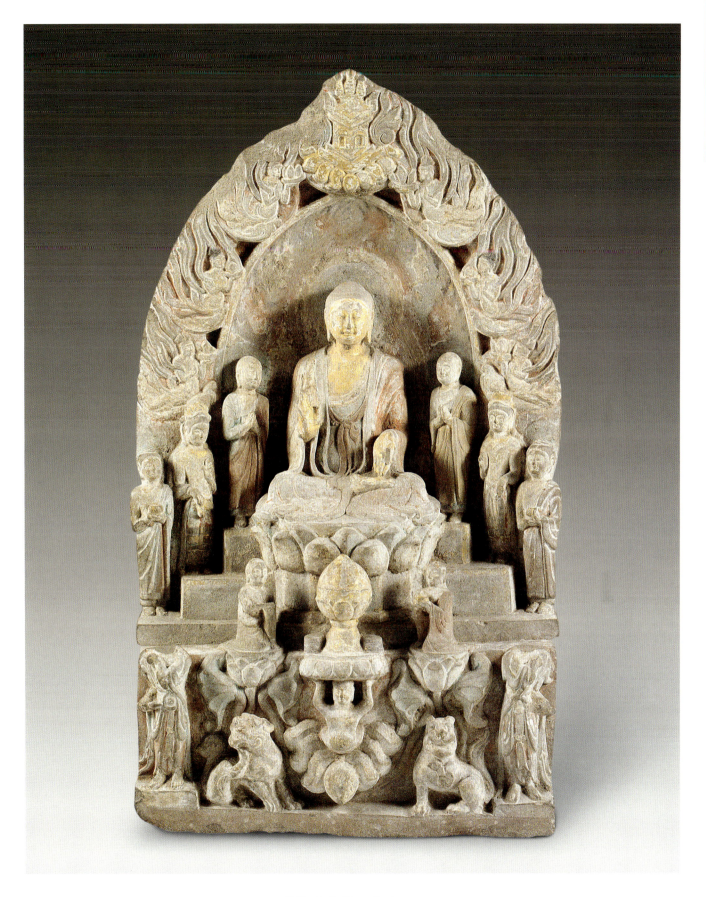

24　释迦七尊像　北齐

高 46 厘米

1954 年太原华塔村出土

25 汉白玉释迦头像　北齐
高 33.5 厘米
1954 年太原华塔村出土

26 菩萨立像　唐
高 57 厘米
1954 年太原华塔村出土

27 鼓吹骑俑　北齐

高 25 厘米

1999 年太原义井村贺拔昌墓出土

28 按盾武士俑　北齐

高 32.5 厘米

1999 年太原义井村贺拔昌墓出土

29 背盾俑 北齐
高 21.5 厘米
1999 年太原义井村贺拔昌墓出土

30 杂技俑　北齐

高 16.5 厘米

1999 年太原义井村贺拔昌墓出土

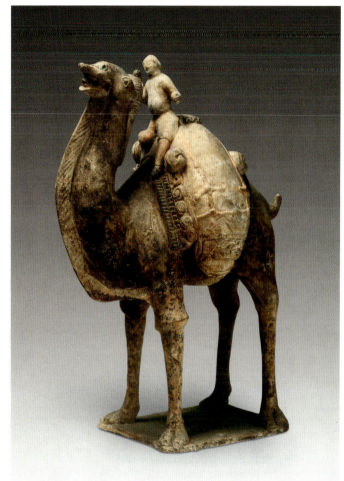

31 陶马　隋

高 45.7 厘米

1980 年太原沙沟村斛律彻墓出土

32 骑骆驼俑　隋

高 45.5 厘米

1980 年太原沙沟村斛律彻墓出土

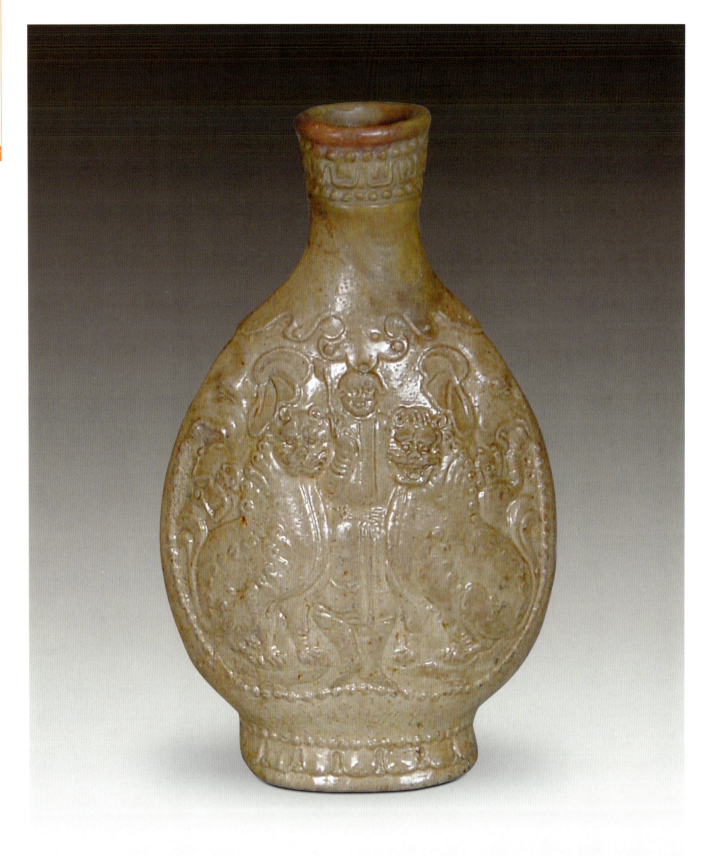

33 青釉人物狮子扁壶　北齐

高 28 厘米

1956 年太原玉门沟采集

34 三彩贴花瓶　唐

高 24.2 厘米

1958 年太原金胜村出土

35 三彩灶　唐

高 7.5 厘米

2001 年太原果树场出土

37 三彩猪 唐
长 11 厘米
2001 年太原果树场出土

36 三彩俑 唐
高 36.3 厘米
2001 年太原果树场出土

38 三彩碓 唐
高 5.5 厘米
2001 年太原果树场出土

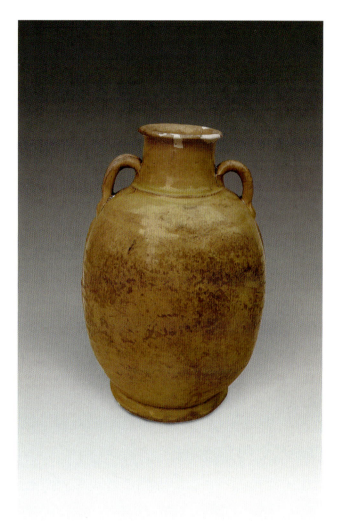

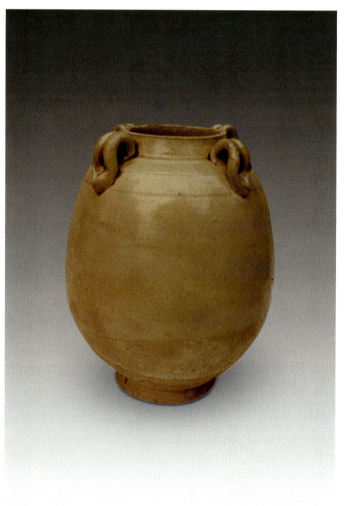

39 青釉双系扁壶 唐
高 11.3 厘米
1996 年太原西镇村采集

40 青釉四系罐 唐
高 13.2 厘米
1996 年太原西镇村采集

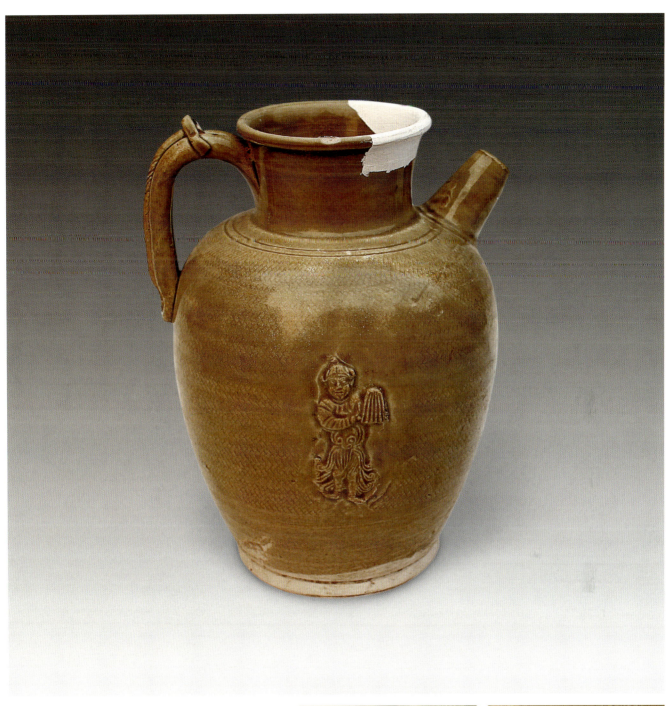

41 贴花舞蹈壶 唐
高 17.5 厘米
1998 年太原果树场采集

42 匍匐俑　唐
高 15.5 厘米
1989 年太原冶峪村出土

43 匍匐俑　唐
高 10 厘米
1989 年太原冶峪村出土

44 胡人舞蹈俑 唐

高 34.5 厘米

1995 年太原果树场采集

45 胡人俑 唐

高 25.7 厘米

1958 年太原金胜村出土

46 胡人匍匐俑　唐
高 19 厘米
1958 年太原金胜村出土

47 侏儒俑　唐
高 17.5 厘米
1958 年太原金胜村出土

48 按盾武士俑 唐

高 36.3 厘米

1998 年太原开化寺村采集

49 舞蹈俑 唐

高 18 厘米

1958 年太原金胜村出土

50 镇墓兽　唐

高 25 厘米

1998 年太原金胜村出土

51 镇墓兽　唐

高 25 厘米

1998 年太原金胜村出土

52 镇墓兽 唐
高 20.6 厘米
1998年太原 金胜村出土

53 镇墓兽 唐
高 33.5 厘米
1989 年太原冶峪村出土

54 白虎图 唐
2001 年太原果树场温神智墓出土

55 树下人物图 唐
1987 年太原南郊唐墓出土

56 树下人物图　唐

1995 年太原果树场唐墓出土

58 树下人物图 唐
2001 年太原果树场温神智墓出土

59 树下人物图 唐
2001 年太原果树场温神智墓出土

57 树下人物图 唐
2001 年太原果树场温神智墓出土

60 驮马人物图 唐

1987年太原南郊唐墓出土

61 牵马人物图　唐

1995 年太原果树场唐墓出土

62 侍女图 唐

1985 年太原金胜村 337 号唐墓出土

63 侍女图　唐

2001 年太原赤桥村唐墓出土

64 门吏图　唐

2001年太原赤桥村唐墓出土

65 模制四神铺地砖　西汉

长 27.4、宽 27.4 厘米

2001 年太原果树场出土

66 "天保四年故人竹解愁铭记"空心砖　北齐

长 32.5、高 18、厚 15 厘米

2000 年太原开化村采集

67 憘墓门额　北齐

高 71 厘米

太原南坪头村出土

68 狄湛墓志

长64.5、宽65.5厘米

太原王家峰村出土

69 石狮 唐

高 150 厘米

太原古城营村出土

后 记

建国以来，太原市的文物考古事业取得了辉煌成就。进入新时期，古城太原凭借晋国赵卿墓、北齐娄叡墓、北齐徐显秀墓和隋代虞弘墓等重大考古发现，更加声名远播。"晋阳古城考古"的概念越来越明晰并为学界认可。为纪念太原建城2500年，太原市文物局决定出版"晋阳重大考古发现丛书"，展示文物考古学术成果，太原市文物考古研究所承担了此项任务。

这套丛书的编纂人员，多年致力于考古事业，栉风沐雨，经验丰富，不懈探索，成果显著，可谓一时之选。他们都是在繁忙工作之余，广搜博采，严谨考证，数易其稿。付梓之日，回顾其间艰辛，非局外人所能道。

《晋阳古城》编者常一民，副研究员，具有田野考古领队资格。曾参与发掘晋国赵卿墓、隋代虞弘墓等重大考古项目，著述颇丰。由他主持发掘的北齐徐显秀墓，荣获2002年"全国十大考古新发现"及"全国田野考古优秀工地奖"。目前主要注意力放在国家文物局重点项目——晋阳古城遗址的发掘和研究方面。

《晋国赵卿墓》编者周健，副研究员。曾参与发掘晋国赵卿墓、北齐娄叡墓、太原西晋墓等重大考古项目，著有学术论文多篇。目前主要工作为太原市的田野考古发掘和研究。

《北齐娄叡墓》编者阎跃进，副研究员。曾参与北齐娄叡墓、库狄业墓等重大考古项目的发掘和研究，发表学术论文多篇。目前主要工作为太原市古代建筑的保护和研究。

《北齐徐显秀墓》编者渠传福，研究员，中国考古学会会员，山西省文物局专家组成员、文物鉴定委员会委员、北朝研究中心副主任，太原市"优秀专家"，具有田野考古领队资格。曾参与主持晋国赵卿墓和北齐徐显秀墓等重大考古项目发掘和研究。在东周车马制度和北朝考古研究等领域成绩斐然。

《隋代虞弘墓》编者李爱国，副研究员。长期从事文物保护和考古研究工作。曾参与隋代虞弘墓、晋阳古城遗址等重大考古发现的发掘和研究，发表论文多篇。目前是晋阳古城遗址考古工作队的主要成员。

丛书的出版，得到了山西省考古研究所和山西省博物馆等单位的极大理解和鼎力支持，谨此表示诚挚的谢意。图片拍摄分别由李建生、陈庆轩、李彤彬和薛超等完成；渠传福先生为丛书的全部图片资料和文字进行了审核和润色，在此一并致谢。

太原市文物考古研究所所长　李　非

2003 年 11 月

摄　　影：陈庆轩等

责任印制：陈　杰

责任编辑：王　伟

图书在版编目（CIP）数据

晋阳古城／太原市文物考古研究所编，—北京：文物出
版社，2005.9
　ISBN 7-5010-1665-8
　Ⅰ.晋…　Ⅱ.太…　Ⅲ.古城—概况—太原市
　Ⅳ.K927.251
　中国版本图书馆CIP数据核字（2005）第079337号

晋阳古城

太原市文物考古研究所　编

文物出版社出版发行

（北京五四大街29号　邮政编码100009）

http://www.wenwu.com

E-mail:web@wenwu.com

北京图文天地中青彩印制版有限公司制版

北京方嘉彩色印刷有限责任公司印刷

新华书店经销

889×1194　1/16　印张：4

2005年9月第一版　第一次印刷

ISBN 7-5010-1665-8/K·863

定价：58.00元